BEI GRIN MACHT SICH IHR WISSEN BEZAHLT

- Wir veröffentlichen Ihre Hausarbeit, Bachelor- und Masterarbeit

- Ihr eigenes eBook und Buch - weltweit in allen wichtigen Shops

- Verdienen Sie an jedem Verkauf

Jetzt bei www.GRIN.com hochladen und kostenlos publizieren

Chancengleichheit in der Tertiärbildung Deutschlands. Studieren als Privileg?

Selina Marschhausen

Bibliografische Information der Deutschen Nationalbibliothek:

Die Deutsche Nationalbibliothek verzeichnet diese Publikation in der Deutschen Nationalbibliografie; detaillierte bibliografische Daten sind im Internet über http://dnb.d-nb.de abrufbar.

ISBN: 9783389051962
Dieses Buch ist auch als E-Book erhältlich.

© GRIN Publishing GmbH
Trappentreustraße 1
80339 München

Alle Rechte vorbehalten

Druck und Bindung: Books on Demand GmbH, Norderstedt Germany
Gedruckt auf säurefreiem Papier aus verantwortungsvollen Quellen

Das vorliegende Werk wurde sorgfältig erarbeitet. Dennoch übernehmen Autoren und Verlag für die Richtigkeit von Angaben, Hinweisen, Links und Ratschlägen sowie eventuelle Druckfehler keine Haftung.

Das Buch bei GRIN: https://www.grin.com/document/1493536

Universität Bremen 9. April 2023
Fachbereich 8 – Soziologie
WiSe 2022/23

Hausarbeit zur Lehrveranstaltung „Bildung und soziale Ungleichheit"

Chancengleichheit in der Tertiärbildung Deutschlands – Studieren als Privileg?

Marschhausen, Selina
Soziologie Komplementärfach
5. Fachsemester

Inhaltsverzeichnis

1. Einleitung — 1
2. Das Studium – Ein Privileg? — 3

   2.1 Die primären und sekundären Herkunftseffekte — 3

   2.2 Die Ablenkungsthese — 5
3. Fazit — 10

Literaturverzeichnis

1. Einleitung

Die Bildung von Akteuren scheint in der heutigen Gesellschaftsstruktur Deutschlands einen großen Einfluss auf günstige Berufs- und Lebenschancen im weiteren Lebensverlauf der Individuen zu haben (vgl. Müller et al. 2017: 309). So hängen die Chancen für einen erfolgreichen Eintritt in den Arbeitsmark, sowie dem erfolgreichen Verlauf im weiteren Berufsleben augenscheinlich stark mit dem erreichten Bildungsniveau zusammen. Insbesondere Hochschulabsolvent*innen erhalten hierbei Vorteile in Form von „hohe[m] Status und hohe[m] Einkommen, vorteilhafte[n] Klassenpositionen, bessere[n] Arbeitsbedingungen und geringere[r] Arbeitslosigkeitsrisiken als weniger qualifizierte Arbeitnehmer" (Müller et al. 2017: 312). Doch wer erhält in Deutschland Zugang zu einem Hochschul- oder Universitätsstudium, das jene Vorzüge ermöglicht? Wie kann man sich für ein Studium qualifizieren? Wie setzen sich die Studienanfänger*innen in Deutschland hinsichtlich ihrer sozialen Herkunft zusammen?

Die Qualifikation für ein Studium erhält man in Deutschland durch das erfolgreiche Abschließen des Gymnasiums mit dem Abitur. Jedoch ist bereits der Weg bis zum Abitur von sozialer Selektivität geprägt (vgl. Müller/Pollak 2016: 346; Becker 2017: 106). Insbesondere zwischen den verschiedenen sozialen Schichten gibt es eine ungleiche Verteilung der Bildungschancen (vgl. Becker 2017: 89)[1]. Obwohl sich die Bildungschancen zwischen Jungen und Mädchen inzwischen weitgehend ausgeglichen haben, „ergaben sich jedoch im letzten Jahrzehnt bei den Relationen für schichtspezifische Bildungsbeteiligungen allenfalls geringfügige Änderungen" (Becker 2017: 99). Schüler*innen aus Familien der Arbeiterklasse und einer damit verbundenen niedrigeren Schichtzugehörigkeit erhalten demnach nicht die gleichen Chancen, das Abitur zu erreichen, wie ihre Mitschüler*innen aus sozioökonomisch besser gestellten Familien, da „Kinder von Akademikern konstant die größten Chancen [haben], das Abitur zu erwerben" (ebd.). Aus diesem Grund sollen in dieser Arbeit vornehmlich die Effekte sozialer Herkunft auf den Zugang zu einem Studium betrach-

---

[1] In dieser Arbeit soll unter Chancengleichheit verstanden werden, dass „‚(…) der Erwerb von Bildungsgraden und die dadurch erfolgende Verteilung von Lebenschancen so zu erfolgen hat, dass sie sich ausschließlich an der individuellen Leistung bemessen' (Hradil 1999, S. 148)" (Becker 2017: 90).

tet werden. Somit bildet die Bildungsungleichheit, die schon in der Schulzeit generiert wurde, gewissermaßen die Grundlage für die Ungleichheit, die beim Zugang zur Tertiärbildung besteht (vgl. Müller et al. 2017: 322f., 336). So legt Becker (vgl. 2017: 103) dar, dass der Zugang zu tertiären Bildungseinrichtungen in Deutschland deutlich von einer sozialen Ungleichheit gekennzeichnet ist. Es sollen

> „[t]rotz Bildungsexpansion, gesunkener Bildungsungleichheiten im allgemeinbildenden Schulbereich und institutioneller Reformen im Berufsbildungs- und Hochschulbereich [...] weiterhin soziale Ungleichheiten beim Hochschulzugang [bestehen]" (Becker/Hecken 2008: 3).

In Anbetracht der Chancenungleichheit beim Hochschulzugang haben Müller und Pollak im Jahr 2007 die sogenannte *Ablenkungsthese* formuliert, da sie einen Mechanismus des *Ablenkens* vermuteten, der dazu führt, dass in Ländern wie Deutschland mit einem stark ausgeprägten Berufsbildungssystem Schüler*innen aus sozioökonomisch benachteiligten Familien ein geringerer Anreiz geboten wird, den tertiären Bildungsweg zu wählen (vgl. Schindler 2014: 45). Vor diesem Hintergrund und in Anlehnung an den Artikel von Rolf Becker und Anna Etta Hecken aus dem Jahr 2008 soll in dieser Arbeit die Frage – *Werden Studienberechtigte mit niedrigem sozioökonomischen Status in Deutschland von einem Studium abgelenkt?* – untersucht werden.

Im Verlauf dieser Arbeit soll demnach die Frage der Chancengleichheit beim Hochschulzugang betrachtet werden. Der Fokus soll hierbei insbesondere auf der Thematik der *Ablenkung* von Schüler*innen der Arbeiterklasse liegen. Aufgrund des kleinen Umfangs dieser Hausarbeit wird keine spezifische Erläuterung des Aufbaus der deutschen Schulsystems, sowie der Untergliederung der Studienmöglichkeiten an Universitäten, Hochschulen, Fachschulen etc. erfolgen, da dies nicht der Interessenschwerpunkt meiner Untersuchung ist.

Als Grundlage einer theoretischen Erklärung für jenes Phänomen werden im Folgenden die primären und sekundären Herkunftseffekte nach Boudon, als auch die bereits genannte Ablenkungsthese erläutert und mit empirischen Daten der Quote der Studienanfänger*innen im Zeitraum von 1969 bis 2000 in Zusammenhang gebracht. Anschließend erfolgt eine

Analyse, sowie schließlich das Fazit dieser Arbeit.

2. Das Studium – Ein Privileg?

2.1 Die primären und sekundären Herkunftseffekte

Um die Mechanismen, die zur sozialen Bildungsungleichheit führen, besser nachvollziehen und aufzeigen zu können, entwickelte der französische Soziologe Raymond Boudon in den 1970er-Jahren die Theorie der primären und sekundären Herkunftseffekte (vgl. Maaz/Nagy 2009: 154). Die theoretischen Überlegungen Boudons sind insbesondere wichtig, um zu verstehen, wie soziale Ungleichheit im Bildungssystem entsteht und aufrechterhalten wird. Hinsichtlich der Forschungsfrage – *Werden Studienberechtigte mit niedrigem sozioökonomischen Status in Deutschland von einem Studium abgelenkt?* – ist die Theorie Boudons vor allem relevant, da sie eine Erklärungsmöglichkeit für die Ausgangssituation der Bildungsungleichheit vor dem Studium bietet. Die Schulzeit dient somit als Weichenstellung für den weiteren Bildungsverlauf der Schüler*innen und ist daher von elementarer Bedeutung für die Betrachtung der Chancengleichheit beim Hochschulzugang. Nicht ungeachtet soll an dieser Stelle bleiben, dass Müller et al. (2017: 349) darauf hinweisen,

> „dass die komplexe Verbindung zwischen Bildungsweg zur Hochschulreife, Abiturtyp und den nachfolgenden Bildungsentscheidungen es außerordentlich schwierig macht, präzise zwischen primären und sekundären Effekten zu unterscheiden".

Nichtsdestotrotz dient die Theorie Boudons als Erklärungsgrundlage für den ungleichen Ausgangspunkt von Kindern aus unterschiedlichen sozialen Schichten im Bildungsverlauf und dem Zugang zu einem universitären Studium.

Boudons Modell besagt, dass Akteure im Sinne der Werterwartungstheorie, eine Kosten-Nutzen Kalkulation hinsichtlich der Bildungsentscheidungen vornehmen (vgl. Maaz/Nagy 2009: 155). Demnach wägen Individuen mutmaßliche Risiken und Gewinne hinsichtlich des Bildungswegs und möglicher Bildungsabschlüsse ab. Jene Kalkulationen sind jedoch stets von einem „sozialschichtabhängige[n] Entscheidungsverhalten" (ebd.) geprägt. Eltern aus der Arbeiterklasse würden demnach andere Bildungsentscheidungen für ihre Kinder treffen, als Eltern höherer Dienstklassen. Die primären und sekundären Disparitäten dienen hierbei als Erklärung für die Ursachen und Beweggründe der jeweiligen Bildungsentscheidungen, wobei „primäre Herkunftseffekte [als] Einflüsse der sozialen Herkunft bezeichnet [werden], die sich direkt auf die Kompetenzentwicklung der Heranwachsenden auswirken und in den schulischen Leistungen der Kinder sichtbar werden" (ebd.). Es handelt sich demnach vornehmlich um Leistungs- und Kompetenzunterschiede, die bereits vor dem Schuleintritt der Kinder wirken und durch die familiäre Sozialisation und Förderung der Kinder vermittelt wird. Dadurch bedingt „führen primäre Herkunftseffekte nicht nur in Bezug auf die individuelle Leistung, sondern auch bezogen auf die Ressourcenausstattung zu einer ungleichen Ausgangsverteilung" (ebd.), da Kinder, die in ressourcenstarken und bildungsnahen Familien aufwachsen, von günstigeren „Startmöglichkeiten" profitieren können, als Kinder aus Familien einer bildungsfernen Schicht. Ressourcen werden hierbei vor allem in Form von „ökonomischem, sozialem und kulturellem Kapital" (Maaz/Nagy 2009: 155) gedacht. Somit „[...] werden Kinder unterschiedlicher sozialer Herkunft den jeweiligen schulischen Leistungsanforderungen unterschiedlich gut gerecht und sind unterschiedlich erfolgreich" (Müller/Pollak 2016: 345f.).

Als sekundäre Herkunftseffekte werden nach Boudon „jene sozialen Disparitäten bezeichnet, die, unabhängig von der Kompetenzentwicklung und dem erreichten Kompetenzniveau, aus unterschiedlichen Bildungsaspirationen und einem unterschiedlichen Entscheidungsverhalten Angehöriger verschiedener Sozialschichten resultieren" (ebd.). Die soziale Herkunft nimmt demnach einen Einfluss auf die Bildungsentscheidungen, wie zum Beispiel die Schulwahl und zwar unabhängig von der erbrachten Leistung, unter anderem in Form von Noten, der Schüler*innen. Laut Boudon sind im Besonderen die sekundären Herkunftseffekte „in Entscheidungssituationen [...] ausschlaggebend" (Maaz/Nagy 2009: 156). Dies bedeutet, dass die Entscheidung darüber, ob Kinder, selbst bei gleicher Leistung oder Leistungsfähigkeit, nach der Primarstufe auf das Gymnasium gehen, das Abitur machen und die Studienberechtigung erhalten, in ihrer sozialen Herkunft begründet liegt (vgl. Müller/Pollak 2016: 346, Müller et al. 2017: 348). Die Entscheidung *für* oder *gegen* das Gymnasium als Fundament für die Studienberechtigung, und folglich für ein Studium, wird sonach überwiegend von leistungsfremden und herkunftsspezifischen Kriterien beeinflusst.

Folgend möchte ich die Überlegungen Boudons mit der These der Ablenkung in Anlehnung an Müller und Pollak verknüpfen.

2.2 Die Ablenkungsthese

Rolf Becker und Anna Etta Hecken (vgl. 2008: 3) definieren die Ablenkungsthese in ihrem Text, der sich intensiv mit der Thematik der Ablenkung von Arbeiterkindern von der Tertiärbildung beschäftigt, im Sinne von Müller und Pollak und einer Erweiterung durch Jacob und Hillmert, als Mechanismus, der aufgrund „institutioneller Strukturen und alternativer Bildungsangebote Studienberechtigte aus den Arbeiterklassen von einem universitären Studium einerseits in nichttertiäre Berufsausbildungen und andererseits in Fachhochschulen ‚umgelenkt'". So führen „[v]or allem ungünstig eingeschätzte Aussichten, ein universitäres Studium erfolgreich bewältigen zu können, [...] dazu, dass Arbeiterkinder vom Universitätsstudium abgelenkt werden" (ebd.).

Die Abwägung von Kosten, Nutzen und im Besonderen des Risikos bilden demnach auch in der Ablenkungsthese, ähnlich wie bei Boudons Theorie der primären und sekundären Herkunftseffekte, eine elementare Voraussetzung, für die Entstehung und Beständigkeit der Bildungsungleichheit, die durch die Einflüsse der unterschiedlichen sozialen Herkunft geprägt wird.

Die eigentliche Ablenkung der Schüler*innen besteht laut Steffen Schindler (2014: 256) vor allem in der Kernfunktion „der Ablenkungswirkung des deutschen Berufsbildungssystems". Demzufolge werden Berufsausbildungen von vielen Studienberechtigten aus sozioökonomisch schlechter gestellten Familien aufgrund der erwarteten Vorzüge und Nachteile als attraktiver empfunden, als die Alternative eines Studiums (vgl. Schindler 2014: 45). Auch Becker und Hecken (2008: 22) stellen fest, dass „das zwischen den sozialen Klassen variierende Investitionsrisiko, d.h. das Verhältnis zwischen subjektiv erwarteten Studienkosten und Erfolgschancen, [...] entscheidend zur Ablenkung von Arbeiterkindern vom Studium bei[trägt]". Für Individuen aus der Arbeiterklasse bedeutet ein Hochschulstudium nicht nur vergleichsweise hohe Kosten, sondern auch, aufgrund der Verbindung von niedriger sozialer Schicht und geringer erwarteter Erfolgschance, ein erhöhtes Risiko des Scheiterns in anspruchsvollen Ausbildungen, wie einem Studium (vgl. Becker/Hecken 2008: 8, Müller/Pollak 2016: 353f., Schindler 2014: 55). Im Gegensatz dazu birgt eine nicht-akademische Berufsausbildung geringere Investitionsrisiken, da unter anderem allein die Ausbildungskosten an sich geringer sind (ebd.). Schindler (2014: 46) spricht in diesem Zusammenhang von einer „Sicherheitsnetzfunktion". Für die Abiturient*innen ergeben sich demzufolge „unterschiedliche[n] Entscheidungssituationen [...], die je nach ihrer Herkunft verschiedenen Restriktionen unterliegen, die unterschiedliche Ressourcen haben und für die die Alternativen Ungleiches bedeuten können" (Müller et al. 2017: 326). So verzichten Studienberechtigte aus ressourcenschwächeren Elternhäusern „aus Kostengründen auf ein Studium, obwohl sie mit teilweise ausgezeichneten Abiturnoten beste Voraussetzungen dafür haben" (Müller et al. 2017: 350f.), während ihre Mitschüler*innen aus ressourcenstärkeren Familien sich seltener nach dem Abschluss des Abiturs von einem Studium *ablenken* lassen (vgl. Becker/Hecken 2008: 15, Becker 2017: 105, Müller et al. 2017: 336).

Auch bezüglich des Statuserhalts „bedeutet dies, dass Schüler, die mit dem Erreichen des Abiturs oder mit einer anschließenden Berufsausbildung den Familienstatus reproduzieren können, geringere Anreize zur Aufnahme eines Studiums haben als Schüler aus Elternhäusern, deren sozialer Status am ehesten über ein Studium reproduziert werden kann" (Schindler 2014: 45f.). Becker und Hecken (2008: 7) führen weiter aus, dass „[...] ein Studium [für die Arbeiterklasse] nicht zwingend notwendig für den Statuserhalt [ist]. Für sie reicht, auch wenn sie die Studienberechtigung erworben haben, die nichtakademische Berufsausbildung aus, um den Sozialstatus zu erhalten". Das erwartete Risiko eines Studiums wird von Kindern aus der Arbeiterschicht demnach zumeist, anders als bei Kindern höherer Sozialschichten, nicht durch den Faktor des Erhalts des sozialen Status aufgewogen oder in Kauf genommen.

Die Chancenungleichheit beim Zugang zu einem Hochschulstudium manifestiert sich, wie zuvor erwähnt, bereits in der Schulzeit, Jahre vor dem Schulabschluss. So schreiben Müller und Pollak (2016: 383), dass

„die Ablenkungswirkung durch die berufsbildende Alternative [im Sekundarbereich] vor allem deshalb so groß [ist], weil tendenziell schon im zehnten Lebensjahr die Weichen dafür gestellt werden, obwohl die berufliche Ausbildung selbst dann erst viele Jahre später beginnt".

Schindler (vgl. 2014: 257) beschreibt ebenfalls eine Weichenstellung im sekundären Bildungsbereich, da der Hauptanteil der sozialen Ungleichheit beim Hochschulzugang dadurch verursacht wird, dass Schüler*innen aus bildungsfernen Familien oft gar nicht erst in Bildungswege eintreten, die zum Abitur führen und somit eine Studienberechtigung ermöglichen. Die individuelle Kosten-Nutzen Kalkulation der endgültigen Entscheidung für oder gegen ein Hochschulstudium fällt nach Müller et al. (vgl. 2017: 325) jedoch schwerer ins Gewicht, als bei der Wahl zwischen verschiedenen Bildungswegen beim Übergang in den allgemeinbildenden Sekundarbereich. Die Entscheidung für ein Studium birgt demnach größere erwartete Risiken, als die Frage, auf welche Schulform ein Kind nach dem Ende der primären Bildung wechselt. Angesichts der augenscheinlichen Chancenungleichheit beim Hochschulzugang in Anbetracht der sozialen Herkunft der Studienberechtigten kann folglich festgehalten werden, „dass die Ausbildungskosten sowie die eingeschätzten Erfolgswahrscheinlichkeiten einen Großteil der sozialen Selektivitäten erklären" (Schindler 2014: 62). Rainer Geißler (2011) stellt diesbezüglich im 13. Kapitel seines Buchs *Die Sozialstruktur Deutschlands* die Spezialauswertung der Mikrozensusdaten bezüglich einer Veränderung der schichtspezifischen Chancenstrukturen im Schulwesen durch Bernhard Schimpl-Neimanns aus dem Jahr 2000, in verschiedenen Diagrammen und jeweils unterschiedlichen Themenschwerpunkten, dar. In der folgenden Abbildung wird der Zuwachs der Studienanfänger*innenquote an Universitäten in West-Deutschland nach dem Beruf des Vaters im Zeitraum von 1969 bis 2000 in Form eines Kurven-, beziehungsweise Liniendiagramms, veranschaulicht. Auf der X-Achse sind die Jahreszahlen, auf der Y-Achse die Quote der Studienanfänger*innen in Prozentzahlen von 0 bis 60, abgebildet. Im Diagramm werden fünf verschiedene Kurven für die jeweiligen Berufe der Väter – Beamte, Angestellte, Selbstständige, Arbeiter und alle Gruppen – dargestellt.

Abb. 1 Quote des Zuwachses von Studienanfänger*innen an Universitäten in West-Deutschland nach dem Beruf des Vaters von 1969 bis 2000

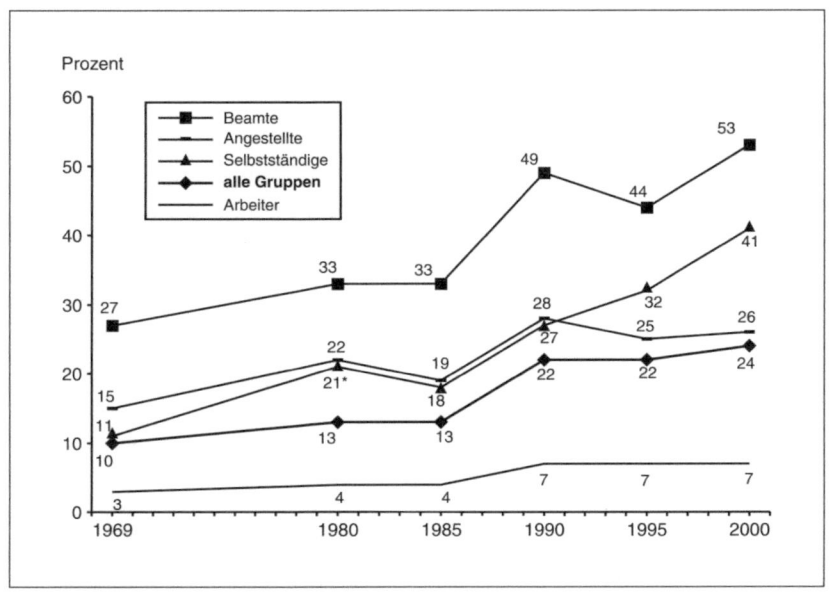

Quelle: Geißler 2011: 285.

In dem Diagramm ist sogleich ein prägnanter Unterschied im Zuwachs der Anfänger*innenquote zwischen Kindern von Arbeitern und den Kindern von Angestellten, Selbstständigen und im Besonderen von Beamten zu verzeichnen. So lag der Zuwachs der Studienanfänger*innen, die aus einem Elternhaus der Arbeiterklasse stammen, im Jahr 1969 bei 3%, bei Kindern von Selbständigen bei 11%, bei Kindern von Angestellten bei 15% und bei Beamtenkindern bei 27%. Demnach war der Zuwachs von Studierenden aus Beamtenfamilien, die ein universitäres Studium im Jahr 1969 begonnen haben, neun Mal höher, als der Zuwachs von Arbeiterkindern. Auch 31 Jahre später, im Jahr 2000, bildet der Zuwachs der Studienanfänger*innen aus der Arbeiterklasse mit 7% das Schlusslicht, während sich der Zuwachs der Kinder von Angestellten bei 24%, sowie von Selbständigen bei 41% befindet und der Zuwachs der Studierenden aus Beamtenfamilien 53% erreicht. Während die

Quote des Zuwachses von Studienanfänger*innen aus Arbeiterfamilien an Universitäten in West-Deutschland im Zeitraum von 1969 bis 2000 nur um 4 Prozentpunkte, von 3% auf 7%, anstieg, verdoppelte sich die Zuwachsquote der Studienanfänger*innen aus Beamtenfamilien beinahe von 27% auf 53%.

Dieses Ergebnis ist vor allem in Hinblick auf die Forschungsfrage – *Werden Studienberechtigte mit niedrigem sozioökonomischen Status in Deutschland von einem Studium abgelenkt?* – interessant, da sie die durch Raymond Boudons Theorie der primären und sekundären Herkunftseffekte, sowie durch die Ablenkungsthese aufgezeigten Mechanismen nun auch empirisch für die Thematik des Hochschulzugangs nachvollziehbar machen. Es ist jedoch anzumerken, dass laut Becker (vgl. 2017: 134) eine Vielzahl von Ursachen vorliegt, die eine komplexe Wechselwirkung unterschiedlicher Einflüsse auf verschiedenen gesellschaftlichen Ebenen darstellen, welche wiederum für die Entstehung und Dauerhaftigkeit von Bildungsungleichheit in Deutschland verantwortlich sind.

Gleichwohl bietet die Ablenkungsthese eine schlüssige theoretische Grundlage, für die Untersuchung dieses Phänomens, da Arbeiterkinder trotz Bildungsexpansion und der gestiegenen Bildungsmöglichkeiten in Deutschland durch verschiedene Ablenkungsprozesse im Bildungssystem immer noch einen Nachteil beim Zugang zur akademischen Bildung haben (vgl. Becker/Hecken 2008: 4).

Doch auch die primären und sekundären Herkunftseffekte nach Boudon sind zur Erklärung der Chancenungleichheit beim Hochschulzugang relevant, da, wie bereits einleitend erwähnt, das, „[w]as jemand im Bildungssystem erreicht, […] bekanntlich stark von ungleichen Ausgangsbedingungen der familialen Herkunft beeinflusst" (Müller et al. 2017: 309f.) wird. Becker (2017: 89) führt zudem aus, dass die „weiterführende und höhere Bildung immer noch ein Privileg von ohnehin schon privilegierten Sozialschichten" ist und „Kinder aus privilegierten sozialen Klassen mittels dieser Bildungsabschlüsse eher in der Lage [sind], vergleichsweise günstige Lebenschancen und eine privilegierte Lebensführung zu realisieren" (Becker 2017: 89f.).

3. Fazit

Diese Arbeit untersuchte die Thematik der Chancengleichheit im Zuge des Zugang zu einem Universitätsstudium in Deutschland, wenn auch in einem eher kleinen Rahmen. Hierzu wurde die Forschungsfrage – *Werden Studienberechtigte mit niedrigem sozioökonomischen Status in Deutschland von einem Studium abgelenkt?* – formuliert. Zur Überprüfung des Phänomens der vermuteten Bildungsungleichheit in der Tertiärbildung diente das Modell der primären und sekundären Herkunftseffekte nach Boudon, sowie die Ablenkungsthese von Müller und Pollak. Festzuhalten gilt, dass die Bildung und insbesondere das erreichte Bildungsniveau von Akteuren in der deutschen Gesellschaft einen großen Einfluss auf günstige Berufs- und Lebenschancen hat. Hochschulabsolvent*innen erhalten hierbei Vorteile in Form von hohem Status, hohem Einkommen, vorteilhaften Klassenpositionen, besseren Arbeitsbedingungen und geringeren Arbeitslosigkeitsrisiken im Vergleich zu weniger qualifizierten Arbeitnehmerinnen. Die Bildungsungleichheit, die schon in der Schulzeit akkumuliert wird, bildet gewissermaßen die Grundlage für die Ungleichheit, die beim Zugang zur Tertiärbildung besteht.

So konnte herausgestellt werden, dass Kinder aus der Arbeiterschicht durch primäre Herkunftseffekte einerseits über weniger Ressourcen aus der familiären Sozialisation verfügen, als Kinder höherer Schichten, und sie andererseits durch sekundäre Herkunftseffekte auf dem Weg zur Studienberechtigung von leistungsfremden und herkunftsspezifiscsen Kriterien tangiert werden. Demnach herrscht bereits vor dem Studienzugang eine Chancenungleichheit, die überdies, im Sinne der Ablenkungsthese, Studienberechtigte aus Elternhäusern der Arbeiterklasse, aufgrund institutioneller Strukturen und alternativer Bildungsangebote, von einem universitären Studium in nicht-tertiäre Berufsausbildungen und Fachhochschulen um-, beziehungsweise ablenkt. Berufsausbildungen werden von vielen Studienberechtigten aus sozioökonomisch schlechter gestellten Familien als attraktiver empfunden als die Alternative eines Studiums, da erwartete Risiken und Belastungen eines Studiums sehr hoch sind, beziehungsweise als solche eingeschätzt werden.

Die in Abbildung 1 dargestellten Befunde bieten eine empirische Grundlage zur Annahme, dass die in der Hausarbeit diskutierte Fragestellung bestätigt werden kann: Studienberechtigte mit niedrigem sozioökonomischen Status werden in Deutschland, trotz verbesserter Chancen der Bildungsbeteiligung, von einem Studium abgelenkt, sodass es scheint, als sei das Studium immer noch ein Privileg der bildungsnäheren sozialen Schichten.

Literaturverzeichnis

Becker, Rolf. 2017. Entstehung und Reproduktion dauerhafter Bildungsungleichheiten. In *Lehrbuch der Bildungssoziologie* (3. Auflage), Hrsg. Rolf Becker, 89-150. Wiesbaden: Springer VS.

Becker, Rolf und Anna Etta Hecken. 2008. Warum werden Arbeiterkinder vom Studium an Universitäten abgelenkt? Eine empirische Überprüfung der „Ablenkungsthese" von Müller und Pollak (2007) und ihre Erweiterung durch Hillmert und Jacob (2003). *Kölner Zeitschrift für Soziologie und Sozialpsychologie* 60: 3-29.

Geißler, Rainer. 2011. Bildungsexpansion und Wandel der Bildungschancen. Veränderungen im Zusammenhang von Bildungssystem und Sozialstruktur. In *Die Sozialstruktur Deutschlands*, Hrsg. Rainer Geißler, 273-299. Wiesbaden: VS Verlag für Sozialwissenschaften.

Maaz, Kai und Gabriel Nagy. 2009. Der Übergang von der Grundschule in die weiterführende Schule des Sekundarschulsystems: Definition, Spezifikation und Quantifizierung primärer und sekundärer Herkunftseffekte. In *Bildungsentscheidungen*, Hrsg. Jürgen Baumert, Kai Maas und Ulrich Trautwein, 153-182. Wiesbaden: VS Verlag für Sozialwissenschaften.

Müller, Walter und Reinhard Pollak. 2016. Weshalb gibt es so wenige Arbeiterkinder in Deutschlands Universitäten? In *Bildung als Privileg. Erklärungen und Befunde zu den Ursachen der Bildungsungleichheit* (5. Auflage), Hrsg. Rolf Becker und Wolfgang Lauterbach, 345-386. Wiesbaden: Springer VS.

Müller, Walter, Reinhard Pollak, David Reimer und Steffen Schindler. 2017. Hochschulbildung und soziale Ungleichheit. In *Lehrbuch der Bildungssoziologie* (3. Auflage), Hrsg. Rolf Becker, 309-358. Wiesbaden: Springer VS.

Schindler, Steffen. 2014. *Wege zur Studienberechtigung – Wege ins Studium?*. Wiesbaden: Springer VS.

BEI GRIN MACHT SICH IHR WISSEN BEZAHLT

- Wir veröffentlichen Ihre Hausarbeit, Bachelor- und Masterarbeit

- Ihr eigenes eBook und Buch - weltweit in allen wichtigen Shops

- Verdienen Sie an jedem Verkauf

Jetzt bei www.GRIN.com hochladen und kostenlos publizieren